932

932

932

TRAITÉ

ENTRE

LE ROI

ET

LE ROI DE SARDAIGNE,

Conclu à Turin le 24 Mars 1760.

A PARIS,

DE L'IMPRIMERIE ROYALE.

M. DCCLX.

OUIS, PAR LA GRACE DE DIEU, ROI DE FRANCE ET DE NAVARRE: A tous ceux qui ces préfentes lettres verront, SALUT. Comme notre cher & bien amé le fieur François-Claude Marquis DE CHAUVELIN, Lieutenant général de nos armées, Commandeur & Grand-croix de notre Ordre royal & militaire de St Louis, Maître de notre garde-robe, & notre Ambaffadeur auprès de notre très-cher & très-amé Frère & Oncle le Roi de Sardaigne, auroit, en vertu des plein-pouvoirs que nous lui en avons donnés, conclu, arrêté & figné, le 24 du mois de mars dernier, avec le Chevalier Dom JOSEPH OSSORIO, Miniftre de notredit Frère & Oncle, & fon Secrétaire d'État pour les affaires étrangères, pareillement muni de plein-pouvoirs, le traité & l'article féparé qui y eft joint, concernant un arrangement général & définitif par rapport aux limites des deux États, & à quelques autres objets ; & lefdits Miniftres plénipotentiaires ayant ftipulé que le procès verbal figné

A

à Turin, le 29 mai dernier, par le S.ʳ PIERRE BOURCET, Maréchal de nos camps & armées, Directeur général des places de notre province de Dauphiné, & notre Commiſſaire principal; & par le S.ʳ JEAN-JOSEPH Baron de FONCET, Conſeiller d'Etat de notredit Frère & Oncle, & ſon Commiſſaire principal, feroit corps avec ledit traité, ſigné le 24 mars précédent, & auroit la même force & valeur que s'il y étoit inſéré mot à mot; deſquels traité, article ſéparé & procès verbal la teneur s'enſuit.

Au nom de la Très-Sainte & indiviſible Trinité, Père, Fils & Saint-Eſprit. Ainſi ſoit-il.

LES différens Traités qui ont été conclus ci-devant entre la Cour de France & celle de Turin, & nommément celui de Lyon, n'ayant pas fixé d'une manière aſſez préciſe les limites des deux États; pour prévenir toutes diſcuſſions à cet égard, Sa Majeſté Très-Chrétienne & Sa Majeſté le Roi de Sardaigne ont vû avec une égale peine les différends qui ſe ſont élevés de temps en temps entre leurs Sujets, & qui ont même quelquefois occaſionné des voies de fait, auſſi contraires à l'intention de Leurs Majeſtés, qu'aux liens du ſang & de l'amitié qui les uniſſent, & à la parfaite intelligence qu'Elles deſirent de maintenir & de perpétuer entre les peuples ſoûmis à leur domination. Dans cette vûe le Roi Très-Chrétien & le Roi de Sardaigne, animés des mêmes ſentimens, ont jugé que rien ne pouvoit plus efficacement remplir un ſi ſalutaire objet, qu'une fixation exacte, générale & définitive des limites qui devront deſormais ſéparer leurs États & pays reſpectifs, laquelle, autant que la ſituation du terrein pourroit le permettre, ſeroit établie par le cours des rivières, ou par les eaux pendantes, & aidée au beſoin par un redreſſement, ou un échange des différentes enclaves qui, au préjudice des communications & de l'intérêt

3

des Sujets refpectifs, fe trouvoient dans les limites entre la Provence & le comté de Nice ; & pour ne laiffer rien en arrière de tout ce qui feroit propre à établir & perpétuer entre les Sujets refpectifs l'union & la correfpondance la plus parfaite, les deux Souverains ont également cru qu'il étoit bon d'ajoûter à cette fixation de limites, tout ce qui pouvoit conduire à un point de vûe fi digne de leur attention. Leurs Majeftés ont pris, en conféquence, la réfolution de faire lever, par des Ingénieurs & des Géographes fubordonnés aux Commiffaires principaux qu'Elles avoient choifis, des plans exacts des territoires dont la propriété devoit être réglée, ou qui devoient être échangées entre les deux Souverains ; & n'ayant rien de plus à cœur que de convenir de tous les arrangemens, partages, ceffions & échanges néceffaires pour confommer un ouvrage auffi conforme à leur inclination, qu'au repos & au bonheur de leurs Sujets, Elles ont, pour cet effet, ordonné à leurs Miniftres refpectifs, favoir, Sa Majefté Très - Chrétienne au feigneur François-Claude Marquis de CHAUVELIN, Lieutenant général de fes armées, Commandeur & Grand - croix de fon Ordre royal & militaire de Saint-Louis, Maître de fa garde-robe, & fon Ambaffadeur auprès de Sa Majefté le Roi de Sardaigne : Et Sa Majefté le Roi de Sardaigne au feigneur Chevalier Dom JOSEPH OSSORIO, fon Miniftre & premier Secrétaire d'État pour les affaires étrangères, de conférer & de convenir entre eux, & en vertu de leurs plein-pouvoirs, des articles du traité à conclurre ; & lefdits Miniftres, après avoir difcuté la matière, & s'être réciproquement communiqués leurs plein-pouvoirs, ont conclu & arrêté les articles fuivans.

ARTICLE PREMIER.

LE Rhône formant deformais, par le milieu de fon plus grand cours, une limite naturelle & fans enclave entre la France & la Savoie, depuis la banlieue de Genève jufqu'au confluent du Guyer, la ville de Cheferi avec fes appartenances, depuis le pont de Grefin jufqu'aux confins de la Franche - Comté, fera incorporée au Royaume de France : Et tout ce que cette

Couronne possède sur la rive gauche du même fleuve, consistant dans une portion de la vallée de Seissel, avec les côtes & hameaux qui en dépendent, & dans les lieux & villages d'Aire-la-ville, Pont-d'Arlod, Chanaz, la Balme de Pierre-Châtel, avec leurs territoires, sera réciproquement réuni à la Savoie ; en conséquence de cet arrangement Sa Majesté Très-Chrétienne déroge à la clause du traité de Lyon de 1601, qui laissoit à la France la propriété de tout le cours du Rhône, depuis la sortie de ce fleuve du territoire de Genève jusqu'au confluent du Guyer.

Art. II.

DEPUIS le confluent du Guyer, la limitation remontera, par le milieu du lit principal de cette rivière, jusqu'à la source du Guyer-vif, Sa Majesté le Roi de Sardaigne renonçant, pour cet effet, à tout droit ou prétention quelconque sur la totalité de cette rivière, ainsi que sur le territoire de l'entre-deux Guyers & de la grande Chartreuse.

Art. III.

LE Guyer sera assujéti, à frais communs, à couler sous le pont de Saint-Genis, suivant la direction la plus naturelle & la moins préjudiciable aux bords.

Art. IV.

DÈS la source du Guyer-vif, la limitation continuera par la sommité des montagnes de l'Harpête & de Granier, jusqu'à la croix du col du Fraine, d'où elle descendra, de la manière la plus régulière, aux sources du ruisseau de Glandon, qui sera successivement la limite jusqu'à l'Isère, que l'on suivra jusqu'à l'extrémité supérieure du rideau qui est au bas de la forêt de Servette, au dessous du village d'Hauterive.

Art. V.

DE-LÀ, traversant l'Isère, l'on tirera une ligne droite au travers de la plaine de Villard-Benoît, jusqu'au petit vallon qui en laissant le couvent des Augustins du côté de France, se dirige par le mas des vignes entre la hauteur du château de Beauregard, qui reftera dans la partie de Savoie, & celle qui fe trouve vis-à-vis, du côté du Dauphiné, jufqu'au torrent de Breda, au deffous du pont des Gorges, ainfi qu'il fera plus particulièrement détaillé par les cartes & verbaux de la limitation.

A r t. V I.

LA limitation remontera enfuite, comme ci-devant, jufqu'à la fource de la partie de Breda qui, dès la montagne du Charnier, coule le long du vallon de Saint-Hugon, & par ce moyen la paroiffe de la Chapelle-blanche, avec la portion de Villard-Benoît renfermée dans ces limites, fera incorporée à la Savoie.

A r t. V I I.

DEPUIS la fource de Breda, la limitation actuelle entre le Dauphiné & la Maurienne fubfiftera, de même que celle qui par l'article I V du traité d'Utrecht, & par la convention du 4 avril 1718, eft établie par les hautes Alpes, entre le Piémont & le Dauphiné, & fucceffivement entre la vallée de Barcelonette & celle d'Entraunas dans la comté de Nice, jufqu'à la montagne de l'Encombrette; & pour affurer toûjours mieux cette limitation, les bornes caduques ou manquantes dans toute cette étendue feront reconnues, réparées ou établies au befoin, ainfi qu'il fera jugé plus convenable par les Commiffaires chargés de l'exécution de ce traité.

A r t. V I I I.

DE la cime de l'Encombrette, la limitation fuivra par la fommité des montagnes jufqu'à la croix du col des Champs; & remontant à la pointe de la Pelonière, elle continuera enfuite par les hauteurs jufqu'à la cime de Forciau, d'où tirant par l'arête de Pera-groffa, elle prendra & defcendra enfuite par la crête qui domine la rive droite du vallon de Dalvis jufqu'au Var, vis-à-vis l'embouchûre du ruiffeau du vallon de Saint-Léger, foit du rio du moulin, qu'elle remontera jufqu'auprès de la croix de la Colle, & de-là jufqu'à la pointe du rocher d'Urban, d'où elle continuera par les crêtes jufqu'à la cime du Rivet, pour tirer droit au ruiffeau du vallon de Parcatte, qu'elle fuivra jufqu'au Var.

Art. IX.

Du ruiffeau du vallon de Parcatte, la limitation defcendra par le Var jufqu'au vallon de Valcroue, qu'elle remontera en-fuite, & fucceffivement celui de Gourdan jufqu'à la hauteur la plus convenable, pour aboutir par le col de Rigaudon à la fource du ruiffeau du vallon de Saint-Pierre, qui formera la limite jufqu'au ruiffeau de Riolan, lequel divifera enfuite les deux États jufqu'à fon confluent dans l'Efteron, qui dès ce point jufqu'à fon embouchúre dans le Var, fera mi-parti, comme le Var le fera auffi depuis le confluent de l'Efteron jufqu'à la mer; ce fyftème de mi-partition devant généralement avoir lieu pour toutes les portions de fleuves, rivières, ruif-feaux, illes, ponts, vallons, cols & fommités qui reftent ou deviennent limitrophes par ce règlement de limites, & ces ponts feront divifés par des bornes ou des poteaux placés dans le centre, au revers defquels feront mifes d'un côté les armes de France, & de l'autre celles de Savoie.

Art. X.

Par le difpofitif de l'article précédent, la Provence acquiert les terres de Gattieras, Dos-fraires (avec les jurifdictions qui en dépendent), Boyon, Ferres, Confegudes, Aiglum & portion du village de Rocafteron, & d'autres territoires qui, pour la régularité de la limitation, ont été renfermés dans la ligne convenue; & la comté de Nice acquiert de fon côté la ville & territoire de Guilleaume, avec les terres de Dalvis, Auvare, Saint-Léger, la Croix, Puget-de-Roftan, Quebris, (y compris la jurifdiction de Saumelongue), Saint-Antonin & la Penne, avec la portion de Saint-Pierre & des terri-toires voifins renfermés dans cette limitation, & ces terres ainfi échangées, pafferont à la province à laquelle elles font réciproquement unies, libres & exemptes des charges & dettes, tant de l'État, que de la province dont elles font refpectivement démembrées.

A r t. X I.

Le château de Guilleaume fera démantelé ; on en détruira les ouvrages de fortifications anciennes & modernes, fans toucher aux ouvrages & bâtimens civils, & l'on en retirera toutes les munitions de guerre & effets concernant l'artillerie & les fortifications.

A r t. X I I.

La navigation du Rhône, dans la partie qui fera la limite des deux Etats, fera entièrement libre aux fujets des deux Puiffances, fans qu'elles puiffent exiger de part & d'autre aucun droit ou impôt pour la navigation, ou pour le paffage de ce fleuve, de même que des autres rivières qui, par le préfent règlement de limites, fe trouveront mi-parties.

A r t. X I I I.

Pour ne point gêner la liberté de cette navigation, l'on ne fera de part & d'autre aucun ouvrage qui puiffe y être contraire ou embarraffer le tirage, lequel pourra fe prendre fans difficulté & fans affectation fur la rive qui en fera plus commodément fufceptible, fuivant la difpofition du terrein & des eaux.

A r t. X I V.

Pour arrêter la contrebande que la rapidité du Rhône pourroit faciliter, il fera également libre aux deux Souverains d'établir une patache ou barque armée, fur laquelle des Employés des fermes ou gabelles refpectives auront droit d'obliger les Patrons qui navigeront fur ce fleuve, d'amener leurs bâtimens, & de fe foûmettre à la vifite.

A r t. X V.

Les ceffions & échanges portés par ce règlement de limites, comprendront, fans exception ni réferve, tous droits de souveraineté, régale & autres qui peuvent concerner les chofes réciproquement cédées, fans préjudice toutefois des droits des communautés, des vaffaux ou des particuliers, auxquels l'on n'entend donner atteinte ; & pour établir & perpétuer entre les fujets refpectifs l'union que les deux Cours ont particulièrement en vûe, elles prendront les mefures les plus convenables, pour faire terminer de concert les conteftations des communaux, páturages & autres qui exiftent entre eux, de même que celles qui pourroient s'élever à l'occafion de cet arrangement de limites.

A R T. X V I.

LES titres & documens qui peuvent regarder ces mêmes ceffions, feront remis de part & d'autre de bonne foi dans le terme de fix mois, & l'on en fera de même par rapport à ceux des pays échangés par les traités d'Utrecht, de Lyon & autres précédens.

A R T. X V I I.

L'ABBAYE de Cheferi, fituée dans la vallée de ce nom, au moment qu'elle deviendra vacante, fera, à la réquifition des deux Rois, unie à perpétuité à la manfe épifcopale de l'évêque de Genève, avec tous les droits, revenus & jurifdictions qui en dépendent, conformément à l'accord fait à ce fujet entre l'Abbé Moderne & les Religieux de cette Abbaye, en l'année 1753.

A R T. X V I I I.

LES fujets des deux Cours continueront à jouir réciproquement & fans aucune difficulté, des biens & droits quelconques qui leur appartiennent dans les États de l'autre, avec liberté d'en extraire les fruits en provenant, fans être affujétis au payement d'aucun droit pour ce regard, mais feulement aux précautions néceffaires pour prévenir les abus, toutefois fans frais ni angaries.

A R T. X I X.

POUR fe prêter au befoin du diftrict de la femine en
Genevois

9

Genevois & des communautés circonvoisines, Sa Majesté Très-Chrétienne, consent qu'elles puissent extraire du Bugey & Valromey (toutefois hors du cas de propre nécessité), jusqu'à la quantité de quinze mille sacs de bled par année, les deux faisant la charge de mulet, sans payement d'aucun droit de sortie ou autres, & cette extraction se fera de la manière & avec les précautions qui seront concertées entre les Intendans de Bourgogne & de Savoie, pour prévenir tout abus & inconvénient.

A R T. X X.

LA Noblesse des provinces de Bresse, Bugey, Valromey & Gex, continuera à jouir, en tant qu'elle sera domiciliée dans les États de Sa Majesté Très-Chrétienne, de l'exemption de toutes tailles & autres impositions ordinaires & extraordinaires, réelles, personnelles ou mixtes pour les biens qui lui appartiennent en propriété dans le duché de Savoie, & qu'elle possède en surséance dès la peréquation de 1738, & la même exemption aura réciproquement lieu, aux mêmes termes & conditions, en faveur de la Noblesse de Savoie, pour les biens qu'elle possède dès la même année dans les provinces susdites.

La même réciprocité d'exemption aura aussi lieu aux conditions susdites en faveur de la Noblesse des terres respectivement échangées par le présent Traité, & pour les biens qu'elle possède en franchise à la date d'icelui.

Et pour ce qui regarde la Noblesse du Dauphiné & de Savoie, cette réciprocité d'exemption n'aura lieu qu'en faveur de ceux qui feront preuve de Noblesse & de possession successive dès le commencement de l'année mil six cent, bien entendu que cette exemption ne concerne que les impôts & tributs royaux, & nullement les charges locales.

A R T. X X I.

POUR cimenter toûjours plus l'union & la correspondance intime que l'on desire de perpétuer entre les sujets des deux

B

Cours, le droit d'aubaine & tous autres qui pourroient être contraires à la liberté des fucceffions & des difpofitions réciproques reftent deformais fupprimés & abolis pour tous les États des deux Puiffances, y compris les duchés de Lorraine & de Bar.

Art. XXII.

POUR étendre la réciprocité qui doit former le nœud de cette correfpondance aux matières contractuelles & judiciaires, il eft encore convenu,

Premièrement, que de la même manière que les hypothèques établies en France par actes publics ou judiciaires font admifes dans les Tribunaux de Sa Majefté le Roi de Sardaigne, l'on aura auffi pareil égard dans les Tribunaux de France pour les hypothèques qui feront conftituées à l'avenir par contrats publics, foit par ordonnances ou jugemens dans les États de Sa Majefté le Roi de Sardaigne.

En fecond lieu, que pour favorifer l'exécution réciproque des décrets & jugemens, les Cours fuprêmes déféreront de part & d'autre à la forme du Droit, aux réquifitoires qui leur feront adreffés à ces fins, même fous le nom defdites Cours.

Enfin que pour être admis en jugement, les fujets refpectifs ne feront tenus de part & d'autre qu'aux mêmes cautions & formalités qui s'exigent de ceux du propre reffort, fuivant l'ufage de chaque Tribunal.

Art. XXIII.

DEUX Commiffaires principaux, munis des plein-pouvoirs des hautes Parties contractantes, ayant été chargés de l'exécution du Traité, il fera immédiatement par eux procédé au plantement des bornes qui feront jugées convenables pour fixer & conftater la limitation convenue, & à tous autres actes & opérations néceffaires pour l'entier accompliffement des articles ci-devant ftipulés.

Art. XXIV.

CES mêmes Commiffaires ayant auffi été chargés de faire

11

lever, sous la direction des Ingénieurs qui les accompagnent, des plans communs du cours du Guyer & du Rhône, pour la portion qui doit faire la limite des deux États, ils feront tracer de concert sur ces mêmes plans la ligne centrale de mi-partition, par le milieu du plus grand cours de ces rivières, en divisant même les illes qui se trouveront sur cette direction, & ils y ajoûteront deux lignes latérales qui servent à déterminer l'alignement des ouvrages défensifs que l'on pourra opposer de part & d'autre aux ravages & débordemens de ces rivières ; & quant aux réparations qui existent actuellement, ces mêmes Commissaires sont encore autorisés par le présent Traité, à convenir des changemens & redressemens à faire pour les ré-duire aux termes d'une juste défense.

A rt. X X V.

CES opérations devant faire la base fondamentale de la limi-tation ci-dessus convenue, le présent Traité n'aura son entière force & valeur que lorsqu'elles auront été terminées par le tracement des lignes centrales & latérales dont on vient de parler, & que de ces plans communs qui devront être signés par les deux principaux Commissaires & par les Ministres plé-nipotentiaires qui auront signé au présent Traité, l'un aura été remis entre les mains du seigneur Duc de Choiseul, & l'autre aura été pareillement remis entre les mains du seigneur Che-valier Osforio, le tout par le ministère des Ambassadeurs res-pectifs résidans aux Cours de Versailles & de Turin ; & on laisse à l'examen des mêmes Commissaires, si ces opérations seront nécessaires & praticables, en tout ou en partie, pour les por-tions limitrophes du Var & de l'Esteron, dont ils traceront la ligne de division de la manière qui leur paroîtra la plus convenable.

A rt. X X V I.

LE présent Traité sera ratifié, & les ratifications expédiées en bonne & dûe forme en seront échangées dans le terme de six semaines, ou plus tôt, si faire se peut, à compter dès la

rémiffion réciproque des plans communs. Il fera enfuite en-
regiftré dans toutes les Cours fupérieures des deux États, pour
qu'elles en faffent obferver le contenu dans ce qui peut les
concerner.

Art. XXVII.

Les habitans & fujets des diftricts & lieux ci-deffus réciproquement cédés, font difpenfés par le préfent Traité, des
fermens de fidélité, foi & hommage qu'ils ont ci-devant prêtés
à leurs Souverains refpectifs, lefquels fermens demeureront
nuls & de nulle valeur; & dans le terme de fix femaines après
que les ratifications auront été échangées, les ordres feront
donnés & les arrangemens pris de part & d'autre, pour que
chacun des Souverains refpectifs entre immédiatement en poffeffion des diftricts & lieux ci-deffus réciproquement cédés.

En foi de quoi, nous Miniftres plénipotentiaires de Sa Majefté
Très-Chrétienne & de Sa Majefté le Roi de Sardaigne, avons
figné le préfent Traité, & y avons fait appofer le cachet de
nos armes. Fait à Turin le vingt-quatrième mars mil fept
cent foixante.

Signé CHAUVELIN.   *Signé* OSSORIO.

(L. S.)   (L. S.)

ARTICLE SÉPARÉ.

Quoique pour affurer & conftater toûjours plus la limitation convenue, on l'ait défignée à toutes meilleures fins fur
les cartes de la négociation; cependant, comme ces mêmes
cartes n'ont pû être exactement levées en mefure, & qu'il
pourroit auffi arriver qu'il y eût quelque différence dans les
dénominations, l'on eft convenu que fi, dans l'exécution de
cette limitation, les Commiffaires principaux reconnoiffent
quelque redreffement à faire ou quelques dénominations à rec-
tifier, fans toucher à la bafe & à la fubftance des articles convenus, ils pourront le faire dans les cartes & verbaux de la
limitation, de la manière la plus conforme à l'efprit de ce
règlement de limites, & ils en informeront de concert les

Miniftres des deux Cours, & cefdites cartes & verbaux de limitation, fignés par les deux principaux Commiffaires, & en-fuite par les deux Miniftres plénipotentiaires, en vertu de leurs plein - pouvoirs , auront la même force & valeur que s'ils étoient inférés dans le Traité.

Quoique par l'article VII du Traité l'on fe rapporte à la limitation actuelle entre le Dauphiné & la Maurienne, toute-fois comme cette limitation ne fe trouve pas dirigée par les fommités des eaux pendantes entre Vaujani & Saint-Colomban-des-Villards, elle fera rectifiée & réglée comme celle des hautes Alpes, en donnant au Roi de Sardaigne un équivalent ou correfpectif équitable, pour le droit qu'il a d'avancer fur les eaux pendantes de cette partie de Loifant, dépendante du Dauphiné.

CET article féparé aura la même force que s'il étoit inféré de mot à mot dans le traité général concernant les limites, figné cejourd'hui.

En foi de quoi, nous Miniftres plénipotentiaires de Sa Majefté Très-Chrétienne & de Sa Majefté le Roi de Sardaigne, avons figné le préfent article féparé, & y avons fait appofer le cachet de nos armes. FAIT à Turin le vingt - quatrième mars mil fept cent foixante.

Signé CHAUVELIN.   *Signé* OSSORIO.

(L. S.)   (L. S.)

LOUIS, PAR LA GRACE DE DIEU, ROI DE FRANCE ET DE NAVARRE: A tous ceux qui ces préfentes lettres verront, SALUT. Comme nous ne defirons rien plus fincèrement que d'entretenir la parfaite amitié & correfpondance qui fubfifte heu-reufement entre nous & notre très-cher & très-amé Frère & Oncle le Roi de Sardaigne, en qui nous avons eu la fatisfaction de trouver les mêmes difpofitions &

les mêmes fentimens, Nous fommes convenus, avec notredit Frère & Oncle, de terminer par un règlement général & définitif tous les différends qui fe font déjà élevés, & de prévenir ceux qui pourroient naître dans la fuite entre nos Sujets, à l'occafion des limites des deux États, & d'avifer en même temps à tout ce qui peut fervir à maintenir toûjours plus, & perpétuer entre les mêmes Sujets l'union & la correfpondance la plus parfaite, Nous confiant entièrement en la capacité & expérience, zèle & fidélité pour notre fervice, de notre cher & bien amé le fieur Marquis de Chauvelin, Lieutenant général de nos armées, Commandeur & Grand-croix de notre Ordre royal & militaire de Saint-Louis, Maître de notre garde-robe, & notre Ambaffadeur auprès de notre Frère & Oncle le Roi de Sardaigne: POUR CES CAUSES, & autres confidérations à ce nous mouvant, Nous avons commis & ordonné ledit fieur Marquis de Chauvelin, & par ces préfentes, fignées de notre main, le commettons & ordonnons, & lui avons donné & donnons plein-pouvoir, commiffion & mandement fpécial, pour, en notre nom, & en qualité de notre Miniftre plénipotentiaire, convenir avec le Miniftre plénipotentiaire de notredit Frère & Oncle le Roi de Sardaigne, pareillement muni de plein-pouvoirs en bonne forme, conclure & figner tels traités, articles & conventions que ledit fieur Marquis de Chauvelin avifera bon être, relativement aux objets ci-deffus. Promettant en foi & parole de Roi, d'avoir agréable, tenir ferme & ftable à toûjours, accomplir & exécuter ponctuellement ce que notredit Miniftre aura

promis & figné en vertu du préfent plein - pouvoir,
& fans jamais y contrevenir, ni permettre qu'il y foit
contrevenu, pour quelque caufe ou fous quelque prétexte
que ce puiffe être, comme auffi d'en faire expédier
nos lettres de ratification en bonne forme, pour être
échangées dans le temps dont il fera convenu : CAR
TEL EST NOTRE PLAISIR. En témoin de quoi nous
avons fait mettre notre fcel fecret à cefdites préfentes
lettres. DONNÉ à Verfailles le douzième jour de février,
l'an de grace mil fept cent foixante, & de notre règne
le quarante-cinquième. *Signé* LOUIS. *Et plus bas,* Par
le Roi. *Signé* LE DUC DE CHOISEUL.

CHARLES EMMANUEL, par la grace de Dieu,
Roi de Sardaigne, de Chypre & de Jérufalem ;
Duc de Savoie, de Montferrat, d'Aofte, de Chablais,
de Génevois & de Plaifance ; Prince de Piémont &
d'Oneille, Marquis d'Italie, de Saluces, de Suze, d'Yvrée,
de Ceve, du Maro, d'Oriftan & de Sezane ; Comte de
Maurienne, de Genève, de Nice, de Tende, de Ro-
mont, d'Aft, d'Alexandrie, de Gocean, de Novarre, de
Tortonne, de Vigevano & de Bobbio ; Baron de Vaud
& de Faucigny, Seigneur de Verceil, de Pignerol, de
Tarentaife, de la Lumelline & de la vallée de Sefia ;
Prince & Vicaire perpétuel du faint Empire en Italie, &c.
A tous ceux qui ces préfentes lettres verront, SALUT.
Ne defirant rien tant que de maintenir & de refferrer
de plus en plus la parfaite amitié & intelligence qui
fubfiftent heureufement entre nous & notre très - cher
& très-amé Frère & Neveu le Roi Très-Chrétien, &

d'ôter tout ce qui pourroit y devenir un obstacle, & ayant la satisfaction de savoir que notredit Frère & Neveu est dans les mêmes dispositions & les mêmes sentimens, Nous avons cru que rien ne remplissoit mieux ces vûes, que de convenir d'un règlement général & définitif, qui termine tous les différends qui sont nés entre nos Sujets à l'occasion des limites des deux États, & qui prévienne encore ceux qui pourroient naître dans la suite, en avisant en même temps à tout ce qui peut servir à cimenter de plus en plus, & à perpétuer une parfaite union & correspondance entre les mêmes Sujets, Nous confiant entièrement en la capacité & expérience, zèle & fidélité du Chevalier Dom Joseph Offorio, notre Ministre & premier Secrétaire d'État pour les affaires étrangères, Nous l'avons nommé, commis & député, & par les présentes, signées de notre main, le nommons, commettons & députons, & lui avons donné & donnons plein-pouvoir, commission & mandement spécial, pour, en notre nom, & en qualité de notre Ministre pléni-potentiaire, convenir, avec le Ministre plénipotentiaire de notredit Frère & Neveu le Roi Très - Chrétien, pareillement muni de plein-pouvoirs en bonne forme, conclure & signer tels traités, articles ou conventions que ledit Chevalier Dom Joseph Offorio avisera bon être, relativement aux objets ci-dessus. Promettant en foi & parole de Roi, d'avoir agréable, tenir ferme & stable à toûjours, accomplir & exécuter ponctuellement ce que notredit Ministre aura promis & signé en vertu du présent plein - pouvoir, sans jamais y contrevenir, ni permettre qu'il y soit contrevenu directement ou

indirectement,

indirectement, pour quelque caufe ou fous quelque prétexte que ce foit ; comme auffi d'en faire expédier
nos lettres de ratification en bonne forme, pour être
échangées dans le terme dont il fera convenu. En témoin
de quoi nous avons figné les préfentes de notre main,
& fait contre-figner par notre premier Officier du bureau
d'État des affaires étrangères, Charles Flamin Raiberti,
& à icelles fait appofer le fceau fecret de nos armes.
DONNÉ à Turin le vingt-deuxième jour de mars, l'an
de grace mil fept cent foixante, & de notre règne le
trente-unième. *Signé* CHARLES EMMANUEL.
Et plus bas, RAIBERTI.

NOUS PIERRE BOURCET, Maréchal des camps
& armées de Sa Majefté Très-Chrétienne, &
Directeur général des fortifications des places du Dauphiné; Et nous JEAN-JOSEPH FONCET, Baron de
Montailleur, Seigneur de la Tour, Confeiller d'État de Sa
Majefté le Roi de Sardaigne, Commiffaires principaux,
députés par nos Souverains refpectifs, pour l'entière
exécution du règlement général de limites, conclu
entre les deux Cours par traité du 24 mars dernier,
déclarons & certifions qu'en vertu des plein-pouvoirs
que nous nous fommes réciproquement communiqués,
fous la date des 6 & 9 février proche paffés, & à teneur
de l'article XXIV dudit traité, nous avons commencé
par faire lever, fous la direction de M.^{rs} les Ingénieurs
qui nous ont accompagnés, des plans communs du
cours du Rhône & du Guyer, pour les portions qui

doivent faire la limite des deux États; lefquels plans ont auffi été par nous fignés & fcellés du cachet de nos armes, après y avoir fait tracer, par les mêmes Ingénieurs, les lignes centrales de mi-partition qui doivent former, dans cette partie, le point de divifion, par le milieu du plus grand cours de ces rivières, déjà indiqué par des flèches, & fucceffivement les lignes latérales qui doivent déterminer l'alignement des ouvrages défenfifs qu'il fera loifible de faire de part & d'autre pour la confervation des bords; le tout fous les explications & modifications fuivantes.

Premièrement. Que la ligne centrale de mi-partition ayant été fixée par le milieu du plus grand cours actuel de ces rivières, elle deviendra néceffairement fujette aux variations de ce même cours qui à teneur des articles I & II du Traité, doit former deformais la limite naturelle des deux États, fans que toutefois ces variations puiffent, fuivant l'efprit du même Traité, porter atteinte aux droits & poffeffions des communautés, des vaffaux & des particuliers.

En fecond lieu. Quoiqu'en plufieurs endroits les lignes latérales défignent non feulement la direction, mais encore l'endroit même des réparations à faire de part & d'autre, l'objet principal de ces lignes eft néanmoins de déterminer l'alignement fuivant lequel chacun pourra fe réparer, bien entendu que l'on ne pourra travailler de part & d'autre que fur fon propre bord, hors que pour caufe de quelques finuofités, ou pour arrêter & fermer quelques ouvertures ou irruptions, l'on ne fût obligé d'avancer dans le lit de ces rivières, en le faifant toutefois fuivant la direction convenue, & fans détourner ou gêner leur cours naturel.

Troifièmement. Quoique ces lignes latérales aient pour objet de déterminer l'alignement des ouvrages défenfifs qui pourront être faits de part & d'autre, si cependant par quelques cas & évènemens imprévûs, ou pour d'autres motifs, une des deux Cours croyoit nécessaire ou plus à propos de se réparer sous une autre direction, l'on pourra, suivant les circonstances, en traiter & convenir par le moyen des Ingénieurs qui seront à ces fins députés.

Quatrièmement. Pour ce qui regarde la partie du Guyer dès le territoire de Romagnieux jusqu'au Rhône, nous n'avons pas cru devoir déterminer dans cet endroit, comme ailleurs, la ligne centrale par le milieu du plus grand cours actuel, attendu que pour la partie supérieure au pont de Saint-Genis, l'on est convenu par l'article III du Traité d'assujétir à frais communs le Guyer à couler sous ce pont par le moyen d'un nouveau canal dont nous avons fait tracer le parallèle sur la carte du cours du Guyer, lequel servira en même temps à désigner la direction des ouvrages qu'on pourra être dans le cas de faire dans la suite pour entretenir la rivière sous ce pont, dont la première arcade du côté de Saint-Genis ne peut par sa situation servir à l'écoulement des eaux, & ne devra partant être regardée que comme faisant partie de la culée de ce pont par rapport à sa direction trop oblique qui occasionneroit une incidence dangereuse sur le bourg de Saint-Genis & une réflexion également préjudiciable aux bords de France.

Cinquièmement. Que pour prévenir les dommages dont est menacée la rive de France au dessous dudit pont par le prochain entonnement des eaux, il sera loisible de la réparer dans le même temps, suivant la direction de la ligne latérale tracée dans cette partie, & successivement suivant celle de la ligne centrale & commune tirée de-là jusqu'au Rhône, bien entendu qu'à la part de Savoie l'on pourra aussi se réparer suivant les mêmes directions.

Sixièmement. Comme il a été reconnu que le tirage pour la navigation du Rhône, à la hauteur d'Hyenne, ne peut par la disposition du terrein être pris sur la rive de France, & que cette même rive est à couvert de tous dangers par sa solidité dès l'entrée de la gorge de Pierre-Châtel jusqu'au dessous du château Bochard, nous n'avons trouvé aucun inconvénient à laisser subsister les digues de Richardon, & à ce que le Roi de Sardaigne fasse même fermer les braffières de ce nom, s'il le juge néceffaire pour la confervation de la ville & territoire d'Hyenne, en tant cependant que par la difpofition des ouvrages que l'on feroit conftruire pour cet objet, la navigation & la liberté du tirage ne fe trouveroient point contrariées ni embarraffées.

Septièmement. Pour ce qui regarde la partie du Guyer-vif, fupérieure au pont de Saint-Martin, comme elle n'exige aucune réparation pour être prefque entièrement encaiffée dans des rochers, nous n'avons pas cru devoir en défigner la direction par des lignes latérales, non plus que pour la portion du cours du Rhône, qui dès l'entrepôt du parc remonte jufqu'au territoire de Genève.

Et pour ce qui concerne les digues exiftantes fur ces mêmes rivières, celles qui nous ont paru rébelles & dans le cas de quelques démolitions ou redreffemens pour être remifes aux termes d'une jufte défenfe, fe réduifent aux fuivantes.

1.º A l'avant-bec lié à la culée du pont des Échelles fur le Guyer, à la part de Savoie, qui comme évidemment offenfif fe trouve dans le cas d'être démoli avec liberté de le rétablir fuivant la direction de la ligne latérale tracée dans cette partie.

2.º Dans la vifite que nous avons faite du cours du Rhône, nous avons reconnu que les deux digues faites à la part de Savoie vis-à-vis le territoire de Cordon, forment auffi dans leurs extrémités des angles faillans qui doivent être rectifiés en les faifant plier au terrein, & que la digue fupérieure forme dès fon milieu un rentrant qui exige que la ligne inférieure de l'angle foit reculée à fon extrémité de dix à douze toifes.

3.º En remontant ce fleuve, nous avons auffi reconnu que dans des bois appartenans à la Chartreufe de Pierre-Châtel fur la rive droite il fe trouve différentes digues, foit réparations rébelles qui dégradent notablement le territoire de la Balme fur la rive gauche, & qui font partant dans le cas d'être enlevées & rectifiées.

4.° La digue conſtruite à la tête du même village de la Balme nous a auſſi paru offenſive, & par conſéquent dans le cas d'être redreſſée & collée au terrein.

5.° Nous avons trouvé à la hauteur du village de Rive, à la part de France, deux petites digues dont l'inférieure doit être redreſſée & pliée au terrein, de même que l'extrémité ſupérieure de l'autre qui couvre le ſaillant du terrein de ce même village.

Nous n'avons au reſte trouvé aucun inconvénient à fermer & unir au continent de Savoie les deux petites Iſles qui ſont au deſſous du village de Lucey, & d'en faire de même par rapport à deux autres qui ſont au deſſous du ſuſdit village de Rive & à fermer la petite braſſière qui eſt au deſſous du château Bochard, & il nous a paru néceſſaire de prendre à la part de Savoie des précautions pour garantir le territoire d'Étein de l'irruption dont le Rhône le menace entre deux rochers qui ſont à la hauteur de ce village.

6.° La nouvelle digue établie près de Landaiſe nous a auſſi paru être dans le cas d'être détruite, parce qu'elle ſe trouve trop en avant de la ligne latérale tracée dans cette partie.

7.° La digue qui eſt au deſſous du village de Bourcin, à la part de France, comme extrêmement préjudiciable aux terres de la Choutagne doit être entièrement détruite auſſi-bien que le reſte d'une autre un peu ſupérieure à celle-là, & l'on en doit faire de même d'une petite digue déjà en partie démolie au deſſous du village de Piccollet à la part de Savoie.

Pour ce qui concerne la grande digue de Choutagne, ayant pris en conſidération qu'il s'agit d'un ouvrage très-conſidérable fait depuis pluſieurs années & exécuté ſans aucune oppoſition, nous n'avons pas cru qu'il dût être entamé par la ligne latérale qui, par ſa direction dès le rocher de Piccollet juſqu'au Molard de Vion, ne touche point à cette digue.

Et pour que les redreſſemens & démolitions dont on eſt convenu, ſoient exécutés de concert & d'un pas égal, l'on y procédera de part & d'autre dès le premier Octobre prochain, temps auquel les eaux ſont ordinairement baſſes, & l'on ſe réglera pour le rétabliffement de ces digues, de même que pour la conftruction des nouvelles, par la direction des lignes latérales tracées à ces fins fur les cartes fufdites.

Après avoir examiné & donné toutes les difpofitions relatives au cours du Rhône & du Guyer, nous nous fommes occupés de la limitation convenue par les articles IV & V du Traité dès la fource du Guyer-vif jufqu'à la rivière de Breda, & comme les neiges & la rigueur de la faifon ne nous ont pas permis de faire prendre en mefure le plan des montagnes de l'Harpette & de Granier, que nous avons renvoyé à un temps plus commode, nous nous fommes réduits à faire lever une carte géométrique de la limitation dès le col du Frefne jufqu'à Breda, fur laquelle carte nous avons enfuite fait tracer, par M.ʳˢ les Ingénieurs qui en ont eu la direction, la ligne de démarcation convenue dans cette partie, nous réfervant d'indiquer, dans l'inftruction commune qui fera entre nous concertée pour le plantement des bornes, le nombre, la qualité & la pofition de celles que nous jugerons convenables dans cette partie, de même que fur les ponts du Rhône & du Guyer.

Et fur les repréfentations qui nous ont été faites par les Syndics de Belle - Combe, Chaparillan & Apremont, que les bornes plantées en 1673, depuis le col du Frefne jufqu'à Pierre-Achée, fervoient à limiter en même temps la poffeffion des Communaux refpectifs, nous avons cru qu'on pourroit les laiffer fubfifter pour cet objet feulement, en effaçant toutefois les armoiries qui les pourroient faire confondre à l'avenir avec les limites de Souveraineté.

En réfervant au refte à ces mêmes Communautés, de même qu'à celles de Francin, des Marches, & du Mandement d'Avallon & autres limitrophes, tous droits de propriété & de poffeffion qui peuvent refpectivement leur appartenir, conformément à l'article XV du Traité, nous avons cru devoir déterminer, fur les inftances & réquifitions unanimes des Communautés intéreffées à la prairie des Mortes, qui paffe entièrement fous la fouveraineté de Savoie, que cette prairie fera fauchée le premier jour non fêté après le 10 août, hors que ces mêmes Communautés ne jugent plus à propos de convenir chaque année, fuivant les faifons, d'un autre jour plus commode, auquel cas elles fe rendront, le dimanche précédent, fur cette même prairie, pour s'entendre à cet égard; & en cas de difcordance, le jour ci-devant déterminé fubfiftera fans autre.

Le lit de la rivière de Breda, pour la partie qui coule le long du vallon de Saint-Hugon jufqu'à la montagne du Charnier, étant refferré & invariable, il ne nous a pas paru néceffaire d'en faire lever la carte, & moins encore d'y faire les opérations pratiquées pour les autres rivières de Savoie.

Quant à la limitation actuelle entre le Dauphiné & la Maurienne, comme elle eft déterminée par la fommité des hautes Alpes, qui font pour la plufpart inacceffibles, & ne forment d'ailleurs aucun point de conteftation; à l'exception de celle qui exiftoit entre les territoires de Vaujani & de Saint-Colomban, il ne s'agira que de limiter cette partie, conformément à l'article féparé du Traité, dès que la faifon pourra permettre d'examiner le local & d'en faire lever le plan.

Et pour ce qui concerne la limitation établie par le Traité d'Utrecht, & par la Convention de 1718, entre le Piémont & le Dauphiné, & fucceffivement entre les vallées de Barcelonette & d'Entraunas, les neiges qui couvrent cette frontière ne nous ayant pas permis de la parcourir, ni même d'en faire faire la vifite par des Ingénieurs, dès que cet obftacle fera levé, nous nous réfervons de donner les difpofitions convenables pour faire réparer & rétablir, à teneur de l'article VII du Traité, les bornes caduques ou manquantes dans cette partie, qui pourra fournir matière à l'équivalent ftipulé par l'article féparé du même Traité.

Des frontières de Savoie, nous nous fommes rendus fur celles de Provence & de Nice, & nous avons reconnu par nous-mêmes, & par le rapport des Ingénieurs qui nous ont accompagnés, que la limitation convenue dans cette partie, par les articles VIII & IX du Traité, étoit convenable & régulière à tous égards, de forte que par l'infpection du local, il ne nous a pas paru qu'il y eût aucun redreffement ou rectification à faire à ce sujet dans les expreffions du Traité ; nous réfervant d'indiquer pour cette partie, tout comme pour la vallée de l'Isère, le nombre & la pofition des bornes néceffaires pour fixer & conftater cette limitation dès la montagne de l'Encombrette jufqu'au ruiffeau du Riolan, & de-là jufqu'à l'Efteron.

La carte de l'Efteron & du Var, depuis le Riolan jufqu'à la mer, ayant été levée par les ordres de Sa Majefté le Roi de Sardaigne, il nous a paru qu'elle pouvoit fervir pour la ligne de mi-partition de ces rivières, que nous y avons partant fait tracer par le milieu de leur plus grand courant, après en avoir fait vérifier les principales pofitions, au moyen de quelques opérations géométriques, lefquelles s'étant trouvées conformes à celles qui avoient été faites pour la levée de ladite carte, nous en ont fait adopter les détails & les expreffions dans cette étendue.

Quant aux lignes latérales, tendantes à déterminer les ouvrages défenfifs qui pourroient être oppofés de part & d'autre aux débordemens de ces rivières, nous avons obfervé que l'Efteron étant bordé d'efcarpemens qui ne peuvent être entamés par aucune irruption, le motif & l'objet des lignes latérales ceffent pour cette partie.

Et pour ce qui concerne le Var, nous n'avons pas cru que l'on puiffe prendre d'autres points de direction plus naturels, pour fe réparer contre cette rivière, que le parallèle des rideaux qui la bordent de part & d'autre, & fuivant lequel il fera loifible à un chacun de défendre les Ifles, prefqu'Ifles ou autres terreins expofés aux ravages du Var ; pour regard duquel il ne nous a partant pas paru néceffaire, ni même convenable de tracer d'autres lignes latérales.

Après avoir ainfi parcouru & reconnu toutes les parties de la limitation, dont la faifon & la difpofition du terrein nous ont permis l'accès, nous nous fommes tranfportés dans cette ville, pour en rendre compte aux Miniftres plénipotentiaires des deux Cours, & pour traiter & convenir, fous leur autorité, de quelques points relatifs à notre commiffion, de la manière fuivante.

Et,

Et, *premièrement*, il a été convenu que pour prévenir toutes discussions sur la perception des revenus, tributs & impôts de l'année courante, chaque Puissance aura la totalité de ceux des terres qu'elle acquiert par le Traité, en se faisant raison mutuellement pour les parties perçúes avant l'échange consommé.

En second lieu. Que par rapport aux dettes des Communautés échangées, elles se trouvent affranchies, par l'article X du Traité, des dettes communes de la province & de l'État dont elles sont démembrées; mais comme elles restent dans l'obligation d'acquitter leurs dettes particulières, les Souverains procureront efficacement l'acquit réciproque de ces dettes; & quant à celle de la vallée de Chesery envers la ville de Chambery & la province de Savoie, vû l'insuffisance de ladite vallée, cette dette qui, par sentence de la délégation établie à ces fins, vient d'être réduite à quarante mille cinq cens vingt-cinq livres quatorze sols trois deniers de Savoie, sera modérée à vingt mille livres, même monnoie, pour l'acquit de laquelle somme seront pris les termes & les mesures les plus convenables pour finir au plus tôt cette affaire.

Troisièmement. Que les Notaires des communautés échangées, seront réciproquement confirmés sans frais pour pouvoir continuer l'exercice de leur profession dans ces mêmes terres.

Quatrièmement. Que les Miliciens desdites communautés seront respectivement rendus, & que les particuliers qui jouissent du droit d'asile seront avertis un mois avant l'exécution de l'échange.

Cinquièmement. Que l'époque du commencement du travail commun à faire sur les bords du Guyer pour entonner les eaux sous le pont de Saint-Genis, est fixé au premier octobre prochain, pour être terminé dans le terme de deux ans, ou plus tôt, si faire se pourra; & que cet ouvrage sera fait par entreprise, dont l'adjudication sera passée & expédiée en commun par ceux qui seront délégués à ces fins, & que les corvées à bras seront respectivement fournies par les paroisses riveraines, savoir, celles qui seront nécessaires à la part de Savoie par les

D

communautés de ce duché , & celles de la part du Dauphiné par les communautés de cette province.

Sixièmement. Que l'on nommera de part & d'autre des perſonnes inſtruites pour venir reconnoître & recevoir dans les Archives reſpectives les titres & documens des pays échangés par ce Traité & par les précédens.

Septièmement. Que les Cadaſtres ou Parcelaires des communautés échangées, feront remis de part & d'autre le plus tôt poſſible pour la perception des tributs; & quant aux communautés qui ſouffrent quelques démembremens par l'échange, les mêmes Délégués que nous députerons pour la priſe de poſſeſſion arbitreront par les voies qui leur paroîtront les plus équitables, & ſuivant la qualité & l'étendue des terreins démembrés, la portion de tributs qui doit proviſionnellement être payée à chaque Souverain juſqu'à ce qu'on puiſſe en venir à cet égard à des opérations & arrangemens plus particuliers.

Huitièmement. Quant au paſſage du Var dont la facilité & la ſûreté intéreſſent eſſentiellement le commerce & les communications que les deux Cours ont également en vûe, nous avons pris connoiſſance ſur les lieux, tant par l'inſpection des titres primordiaux que par le contradictoire des Conſuls de Nice & de Saint-Laurent, des obligations de cette dernière communauté, laquelle a même convenu par-devant nous, qu'outre l'entretien d'un hôpital à ſix lits, elle étoit en outre tenue à celui d'une barque avec les Guayeurs néceſſaires pour le paſſage du Var, ſans pouvoir rien recevoir pour ce regard, même à titre d'aumône, conformément à l'acte d'emphitéoſe & d'habitation du 16 mai 1468, & à la ſentence arbitrale, ſoit tranſaction paſſée avec l'évêque de Vence en l'année 1485.

Mais cette communauté nous a repréſenté dans le même temps que les dégâts du Var, les malheurs des temps & les droits réſervés à l'évêché de Vence par la même tranſaction, la mettoient hors d'état de ſatisfaire à toutes ces charges.

Sur quoi nous avons conſidéré que l'objet le plus urgent & le plus intéreſſant pour le bien de cette frontière etant de faciliter & d'aſſurer le paſſage du Var d'une manière compatible avec les forces de la communauté de Saint-Laurent suivant l'état préfent des chofes, le moyen le plus équitable feroit de pourvoir au prompt rétabliffement de la barque dans le plus gros bras & d'un nombre fuffifant de Guayeurs pour le paffage des autres, moyennant un droit modéré qui feroit payé par ceux qui voudroient s'en fervir, à l'exception toutefois des pauvres & des pélerins ; & en cas que l'entretien de la barque & des Guayeurs devînt fur ce pied trop onéreux à cette communauté au point qu'elle ne pût fournir aux frais de l'hôpital, elle pourroit, en vérifiant le fait, recourir pour une équitable réduction de cette charge, fans préjudice toutefois des obligations de l'évêque de Vence, qui peuvent réfulter des titres ci-devant énoncés.

Et ces tempéramens ayant été approuvés par les Miniftres plénipotentiaires des deux Cours, nous avons déterminé, fous le bon plaifir des Souverains refpectifs, pour faire ceffer les abus & prévenir les accidens qui furviennent chaque jour par rapport au paffage du Var.

1.° Que la communauté de Saint-Laurent fera rétablir au plus tôt la barque, comme elle exiftoit ci-devant, fur le plus grand bras du Var; & dans le cas que les variations de la rivière l'obligeroient à changer la pofition de la barque, elle en préviendra les Confuls de Nice, en les informant de l'endroit où elle croira plus convenable de planter le poteau néceffaire à cet égard, ce qui devra fe faire dans le lieu le plus commode pour le paffage, & le moins préjudiciable au territoire de Nice.

2.° Que ladite Communauté nommera, fi fait n'a été, douze Guayeurs pour le paffage du Var, les plus propres & les plus experts dans cette fonction, parmi lefquels elle choifira le plus capable pour avoir infpection fur les autres, & pour répondre de leur négligence ou malverfations, s'il n'en inftruit fur le champ les Confuls dudit lieu, qui feront chargés de prendre les mefures convenables pour affurer la preuve du délit, & pour faire même arrêter les délinquans dans les cas graves.

3.° Lefdits Guayeurs fe tiendront fur le paffage de la rivière, depuis le lever jufqu'au coucher du foleil, au nombre de quatre, favoir, deux fur un bord & deux fur l'autre, pour indiquer fidèlement les gués aux paffagers.

4.º Ces mêmes Guayeurs feront tenus de fonder les gués de toutes les branches de la rivière, chaque matin, & même dans la journée, s'ils peuvent s'apercevoir qu'il foit furvenu quelques changemens dans le cours d'icelle par la crûe des eaux ou autrement ; & après avoir ainfi reconnu les gués, ils y planteront des piquets auxquels ils attacheront des fafcines pour indiquer le paffage le plus fûr & le plus commode, bien entendu que la fourniture de ces piquets, des bois & autres chofes néceffaires, tant pour la barque que pour les cabanes qui doivent mettre les Guayeurs à l'abri fur les bords de la rivière, fera à la charge de ladite communauté de Saint-Laurent.

5.º Les Guayeurs feront toûjours vêtus décemment avec des caleçons ou ceintures, & ne pourront, fous les plus grièves peines, paffer les voyageurs, lorfqu'il y aura du danger, dont ils feront partant obligés de les avertir, & de refter à ces fins fur les bords de la rivière.

6.º Lefdits Guayeurs feront obligés de paffer gratuitement les pauvres & les pélerins, fans pouvoir rien recevoir d'eux à quel titre & fous quelque prétexte que ce puiffe être.

7.º Il fera loifible à un chacun de ne pas fe fervir des Guayeurs, ou d'en prendre tel nombre qu'il defirera, & ceux - ci feront tenus de fervir exactement & promptement les voyageurs qui les requerront, moyennant un falaire qui ne pourra excéder fix fols, argent de France, même dans les plus grandes crûes d'eau, pour chaque Guayeur qui aura été demandé, y compris le paffage de la barque qui doit être gratuit.

Et fur ce qui nous a été repréfenté par la communauté de Saint-Laurent, qu'elle prétendoit avoir droit fur quelques iffes & terreins fitués en deçà du grand cours actuel du Var, nous avons déclaré qu'attendu que les arrangemens du Traité ré-fervent expreffément les droits des Communautés & des par-ticuliers, cette prétention & les titres qui peuvent la regarder, feront examinés de concert par les perfonnes qui feront dé-putées pour nous en faire le rapport.

Enfin il a été convenu que, par rapport aux conteſtations de communaux & pâturages, exiſtantes entre les communautés du Montgenèvre & Cézanne, Plampinet & Mélezet, de même que pour celles qui pourront s'élever à l'occaſion de la préſente limitation, nous prendrons auſſi de concert par nous-mêmes, ou par le moyen de nos Subdélégués, les éclairciſſemens & les voies convenables pour les terminer, conformément à l'article XV du Traité, afin d'étouffer tout germe de conteſtations entre les ſujets reſpectifs.

M. l'Évêque de Glandève ayant obtenu du Roi Très-Chrétien, par patentes du 3 décembre 1757, la permiſſion de bâtir un ſéminaire auprès de ſa maiſon épiſcopale, & d'y réunir des bénéfices de ſon diocèſe juſqu'à mille livres de revenu, il auroit pour cette fin jeté les yeux ſur le prieuré de Guilleaume; mais comme cette ville paſſe par l'échange ſous la domination de Sa Majeſté le Roi de Sardaigne, ce projet ne peut être exécuté ſans ſon agrément; & pour l'obtenir, il a repréſenté que l'établiſſement dont il s'agit, intéreſſe également les ſujets de Sadite Majeſté, qui forment même la partie la plus conſidérable de ce diocèſe, & qu'il n'y a pas à la part de la France d'autres bénéfices ſuſceptibles de la réunion propoſée.

Sur quoi Sadite Majeſté, ouï le rapport de cette affaire, s'eſt montrée favorablement diſpoſée pour les vûes de M. l'Évêque, en tant que le ſervice local & paroiſſial de Guilleaume n'en ſouffriroit pas, ou qu'il ne ſe trouveroit pas réduit par-là à un revenu trop modique, le droit du tiers étant au reſte toûjours cenſé réſervé.

Au moyen des opérations & des diſpoſitions énoncées dans le préſent verbal, nous avons lieu de croire d'avoir pourvû, autant qu'il a dépendu de nous, à tout ce qui peut regarder l'exécution immédiate du Traité; & pour ce qui concerne les arrangemens ultérieurs à prendre pour le porter à ſa finale exécution, nous nous réſervons d'y pourvoir, tant par le moyen de l'inſtruction commune qui ſera concertée pour le plantement des bornes & la priſe de poſſeſſion des terres échangées, que par les autres voies qui, suivant les occurrences, nous paroîtront les plus convenables.

Et en foi de ce nous avons signé deux copies authentiques de ce procès-verbal, & y avons fait appofer le cachet de nos armes, afin qu'après l'approbation des Miniftres plénipotentiaires & la ratification des Souverains refpectifs, il foit regardé, de même que les cartes auxquelles il fe rapporte, comme faifant partie du Traité, pour fervir de règle commune & irréfragable pour l'avenir; à quelle fin nous avons aussi fait faire deux copies defdites cartes par nous fignées & fcellées comme deffus, & nous les avons fait cotter, favoir, celles du cours du Rhône par les lettres *A* & *B*, celle du Guyer par la lettre *C*, celle de la vallée de l'Isère par la lettre *D*, & celles de la frontière de Provence & de Nice par les lettres *E* & *F*. FAIT à Turin le vingt-neuf mai mil fept cent foixante.

<table>
<tr><td>

Signé BOURCET, Commiffaire principal de Sa Majefté Très-Chrétienne.

(L. S.)

</td><td>

Signé FONCET DE MONTAILLEUR, Commiffaire principal de Sa Majefté le Roi de Sardaigne.

(L. S.)

</td></tr>
</table>

NOUS Miniftres plénipotentiaires ayant ouïs lecture du préfent procès-verbal, en approuvons tout le contenu aux fins qu'après avoir été ratifié par les Souverains refpectifs, il faffe corps du Traité par nous figné le 24 mars proche paffé, & qu'il ait la même force & valeur que s'il y étoit inféré mot à mot. Turin le vingt-neuf mai mil fept cent foixante.

<table>
<tr><td>

Signé CHAUVELIN.

(L. S.)

</td><td>

Signé OSSORIO.

(L. S.)

</td></tr>
</table>

Nous, ayant agréables le fufdit Traité, article féparé & procès-verbal, en tous & chacuns les points & articles qui y font contenus & énoncés, les avons, tant pour nous que pour nos héritiers, fucceffeurs, royaumes, pays, terres, feigneuries & fujets, acceptés, approuvés, ratifiés & confirmés ; & par ces préfentes fignées de notre main, acceptons, approuvons, ratifions & confirmons, & le tout promettons en foi & parole de Roi, fous l'obligation & hypothèque de tous & chacuns nos biens préfens & à venir, garder & obferver inviolablement, fans jamais y contrevenir ni permettre qu'il y foit contrevenu directement ou indirectement en quelque forte & manière que ce foit : en témoignage de quoi nous avons fait appofer notre fcel à ces préfentes. Donné à Verfailles le dixième jour de juillet, l'an de grace mil fept cent foixante, & de notre règne le quarante-cinquième. *Signé* LOUIS. *Et plus bas,* Par le Roi, LE DUC DE CHOISEUL.

Scellé du grand fceau de cire jaune, fur lacs de foie bleue, treffés d'or, le fceau enfermé dans une boîte d'argent, fur le deffus de laquelle font empreintes & gravées les armes de France & de Navarre, fous un pavillon royal foûtenu par deux Anges.

964

9 782329 573526